はじめての粘土アート
半日でできる可憐な草花
FIRST CRAY ART BOOK BY KIMIKO USHIJIMA

牛嶋君子

芸術新聞社

CONTENTS

はじめに ……………………………………… 5

リアルで可愛い、粘土アートの世界 ……… 6
ウメバチソウ／フリージア／アッツザクラ／
アヤメ／コスモスとワレモコウ／
ダイモンジソウ／ツルウメモドキ／
オンシジウム／カトレア／フキノトウ／
コデマリとムラサキカタバミ

基本の花10種をつくりましょう ……… 19
材料と用具 ……… 20
基本の手順 ……… 22

基本の花のレシピ
RECIPE1: シロツメクサ ……… 26
RECIPE2: ミヤコワスレ ……… 34
RECIPE3: ドクダミ ……… 42
RECIPE4: ナガミノヒナゲシ ……… 48
RECIPE5: ヤブコウジ ……… 54
RECIPE6: ガクアジサイ ……… 60
RECIPE7: ミニコチョウラン ……… 66
RECIPE8: キイチゴ ……… 72
RECIPE9: コスモス ……… 78
RECIPE10: ツクシ ……… 84

型紙集 ……… 90

あとがきにかえて ……… 94
教室案内 ……… 95

はじめに

　道ばたでよく見かける季節の花や山野草。花屋さんには売っていない、素朴で可憐な花に心ひかれます。子どもの頃に見たコスモス畑、首飾りを編んだシロツメクサ、摘んで食べたキイチゴ……。
　そんな身近な植物を粘土でつくり続けてきました。

　やわらかく透明感のある樹脂粘土は、本物の花を再現するのに魅力的な素材です。
　本書では、初めての方にも親しみやすい10種の花を選び、ていねいにつくり方をご紹介しました。
　半日で1つ、10日で10種類の花ができます。
　基本となるつくり方には共通点も多いので、手順やコツをつかめば、いろいろな花で応用が利きます。
　材料や道具も身近で手に入るものが多く、だれでも気軽に始められます。

　最初は形が悪かったり、きれいに彩色できないかもしれません。
　でも、それもオリジナリティ！　失敗など気にせず、制作のプロセスを楽しんでみてください。
　あなたの手から生まれた清楚に咲きほこる一輪の花は、きっとあなた自身を和ませてくれることでしょう。

樹脂粘土工芸
花実アート Hanami Art
牛嶋君子

WORLD OF CLAY ART

季節の花いろいろ
リアルで可愛い、粘土アートの世界

ウメバチソウ
GRASS OF PARNASSUS
まるで白いウメのように、
清楚に咲く5枚の花びら

フリージア FREESIA
明るい黄色と甘い香りが、
春の訪れを感じさせます

アッツザクラ
RED STAR, SPRING STARFLOWER
目に飛び込んでくる濃いピンク色！
存在感も抜群！

アヤメ SIBERIAN IRIS
ひらひらと波打った青の花弁。
トクサも添えて涼しげに

コスモスとワレモコウ
Cosmos and Great Burnet

里山をイメージして、
色彩のハーモニーを奏でました。
ワレモコウの丸い穂に心躍ります

ダイモンジソウ DAIMONJISOU
5枚の花びらが漢字の「大」の字に見えるのが、
この名の由来

ツルウメモドキ
Japanese bittersweet
秋に熟す朱色の実と黄色の果皮が
美しいツル性の木

オンシジウム ONCIDIUM

小さな蝶が舞い飛ぶような
華やかなラン。
熱帯では自生する種も

カトレア CATTLEYA
あでやかな姿はまさに洋ランの女王。
気品あふれる表情に魅せられて

フキノトウ　Butterbur Sprout
独特の香りをもつ山菜。
雪どけの頃に芽吹いて春を告げます

コデマリとムラサキカタバミ
REEVES SPIREA AND CREEPING WOODSORREL

白い小花と淡い紅紫の小花を合わせて、
お気に入りの信楽焼の花器に

基本の花、
10種をつくりましょう

RECIPE1: WHITE CLOVER
幸せの四つ葉もしのばせて　シロツメクサ

RECIPE2: GYMNADERIA SAVATIERTI
清楚で高貴な紫の君　ミヤコワスレ

RECIPE3: CHAMELEON PLANT
けなげでたくましく咲く　ドクダミ

RECIPE4: LONG-HEADED POPPY
愛しいオレンジの一輪　ナガミノヒナゲシ

RECIPE5: SPEARFLOWER
燃えるような赤い実　ヤブコウジ

RECIPE6: LACECAP HYDRANGEA
梅雨時を彩るブルー　ガクアジサイ

RECIPE7: MINI PHALAENOPSIS
華麗さに秘めた野性味　ミニコチョウラン

RECIPE8: RASPBERRY
あまずっぱい宝石　キイチゴ

RECIPE9: COSMOS
秋晴れの空が似合う　コスモス

RECIPE10: FIRLD HORSETAIL
春の土手の主人公　ツクシ

材料と用具

基本となる材料と用具の使い方は、どの花も共通です。
材料は、手芸店やオンラインショップでも購入できます。
基本的な用具も、最初にひと通りそろえておくと便利です。

基本の材料

造花用ワイヤー
細いワイヤーは花芯や葉の軸、細い茎などに使う。太いワイヤーは枝の組み立てに用いる。ワイヤーの番号が小さくなるほど太くなる

フローラテープ（ライトグリーン）
花、葉、茎を巻いたり、組み立てに使う。半幅テープ（6mm）と広幅テープ（12mm）がある

油絵具
粘土に色を混ぜたり、乾いたあとの色づけに使用

樹脂粘土（グレイス）
白色で伸びがよい粘土。油絵具を練り込んで使う

そろえたい用具

- のばし棒
- ベビーオイルとコットンパフ
- マニキュア（つやだし用）
- ブラシクリーナー（筆洗液）
- 木工用ボンド
- 黄色のペップ（花粉）
- ピンセット
- ハサミ
- ニッパー
- ラジオペンチ
- 油性ペン
- 細工棒
- カッターナイフ
- 絵筆

- 布
- クリアファイル
- スタイロフォーム

〈その他〉
植物の葉／葉型
食品用ラップ

ウエットティッシュ

〈植え込み材料〉
小ぶりの花瓶
鉢
油粘土
ヤマゴケ
ミズゴケ

材料と用具 | 21

基本の手順

基本の手順をみていきましょう。まず下準備として
〈型紙づくり〉〈ワイヤーのカット〉〈粘土の混色と練り込み〉を行います。
制作の順序は、大きく分けて〈パーツをつくる〉→〈色づけ〉→〈組み立て〉です。
どの花にも共通する作業や手順があるので、つくる前に目を通しておきましょう。

下準備
＊粘土は汚れがつきやすいので、前もって手を洗いましょう。

1 クリアファイルの準備
① 圧着部分をカット
② ベビーオイルをクリアファイルの内側にぬる
③ 粘土をはさんでうすく伸ばす

2 型紙をつくる
① 巻末の型紙をカラーファイルの下に敷き、油性マジックで写し取る
② カラーファイルを切り抜く
＊油性ペンが粘土に写る場合もあるので型取った線はカットしたあと除光液で消す

3 ワイヤーをカット
① 使用する番号と本数を用意する
② ワイヤーをカットしておく

4 粘土を用意する
① 使う粘土の分量を確認
② 用途別に球形にする
＊球形のサイズは〈花何cm玉・葉何cm玉〉と表示

5 粘土を混色する
① 粘土に油絵具をつける
② 粘土を引っ張るように練り込むと早く混ざる
③ 混色したらラップで包み、乾燥を防ぐ

制作のテクニックI

1 粘土をのばす
粘土をのばし棒で薄くのばす。およそ0.5から1mmの厚さ

2 粘土をカット
のばした粘土の上に型紙を置き、カッターナイフで切り取る

3 ワイヤーをフックする
ペンチで先端を曲げる

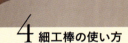

4 細工棒の使い方
丸いほうでフリルをつけたり、角のほうでスジをつける

5 フローラテープの巻き方
しっかり伸ばして、ゆるみなく巻く

制作のテクニックⅡ

6 粘土巻きする

① ワイヤーにボンドをつけて粘土を巻き、上から下へおろしながら、余分な粘土をとる
② 手のひらでのばす

本物がいちばん！

7 葉脈をつける

本物の葉の裏側にオイルをぬり、葉脈をうつしとる。市販の葉型で代用も

しっかり押さえて

8 葉にワイヤーをつける

ワイヤーにボンドをつけ、葉の裏側に接着する

9 パーツを乾かす

ボンドをつけたパーツはスタイロフォームで乾かす

10 色づけする

花や葉のパーツが乾いたら、絵の具で色をかける

11 補強ワイヤーをたす

花や葉を組むときに、補強ワイヤーを加えて太くする

植え込み方

1 鉢に油粘土をつめる　ギュッギュッ

2 表面にボンドをぬる

3 ヤマゴケをのせる

4 コケをしきつめる

ワンポイント
花瓶や植木鉢でなくてもOK。食器やグラスもりっぱな花器に！

RECIPE1: WHITE CLOVER

シロツメクサ

四つ葉のクローバーは幸運のシンボル。
見つけた時のうれしさを思い出して、
三つ葉の中にそっと四つ葉をしのばせてみました。

| つくる時間 | ─→ 半日 ★★☆☆☆ |
| テクニック | 易 ←──→ 難 ★☆☆☆☆ |

★の数は目安です

> **花情報**
> FLOWER INFOMETION
>
> 白詰草、マメ科。
> 別名、クローバー。
> 原産地はヨーロッパ。
> 花期は春〜秋。
>
> **花言葉**
> THE LANGUAGE OF FLOWERS
>
> 「私を思って」
> 「幸運」
> 「約束」

材料

樹脂粘土
ワイヤー　(花)＝22番1/3 …3本
　　　　　(葉)＝26番1/3 …16本
油絵具　　(花)＝パーマネントホワイト ＋ クリムソンレーキ
　　　　　(葉)＝グリーングレー ＋ サップグリーン ＋ パーマネントホワイト

つくる数

(花)＝3本
(葉)＝3枚葉…4本　4枚葉…1本

粘土の分量

(花)＝3コ分　[内側・グリーン]…2cm玉　[外側・白]…2cm玉
(葉)＝16枚分…3cm玉

型紙　→P.90

RECIPE1: シロツメクサ

| 下準備 | 1 |

クリアシートの下辺をカットし、ベビーオイルを塗っておく

| 花 | 4 |

ワイヤーをフックする

型紙をつくる

ゆるみなく

フックしたワイヤーに半幅テープを巻く

ワイヤーをカットして用意

粘土にパーマネントホワイトを練り込む

7. のばし棒で厚さ0.5〜1mmにのばし、フリーハンドで大・中・小3つの円をつくる

8. 粘土にグリーングレーを練り込み、ラップに包む

花の外側

9. 7〜12mmの玉を大・中・小3コつくり、大・中・小の円で包む

10. 玉を包んでまわりを少しカット

11. 中のグリーンが見えるように削り落とす

12. フックしたワイヤーにボンドをつけてさしこむ

下からハサミで切れ込みを入れていく

ファイルにはさみ、のばし棒でのばす

中のグリーンが見える深さで切り込む

0.5〜1mmの厚さに

葉

粘土にグリーングレー、サップグリーンを8:2の割合で練り込む

＊葉の割合は全部共通

型紙をおき、カッターで型をとる

葉16枚分、型を抜く

裏側にワイヤーをつける

真ん中に軽くスジを入れる

サップグリーンで表と裏を色づけ

葉のフチを細工棒で薄くのばす

組み立て

乾いたら葉の表を内側に向けて組む。半幅テープを2cm巻きワイヤーを下に引く

RECIPE1: シロツメクサ | 31

ワイヤーを1本ずつ引いて、ワイヤー部分を隠す。テープをさらに巻く

花の下からごく薄くクリムソンレーキをかけ、ぼかす

葉を開いてととのえる

鉢に合わせて短くカットする

パーマネントホワイトで白い模様を入れる

高低をつけて植え込む

31 できあがり

ONE POINT ADVICE
きれいに仕上げるコツ

切れ込みを入れるとき、上下の列で交互にハサミを入れるとリアルな仕上がりに！

春を呼び込むような明るいブルーの器に植えました。葉をすきまなく詰めて、葉先をやや上向きにすると、元気なシロツメクサの完成。素焼きの植木鉢も合いそうです。

RECIPE2: GYMNADERIA SAVATIERTI
ミヤコワスレ

ひな菊にも似た可憐な姿は、ひかえめで上品、
どこか懐かしさに誘われます。
青や白、ピンクもありますが、
やはり濃い紫色がこの花らしくて好き。

花情報
FLOWER INFOMETION

都忘れ、キク科。
別名、野春菊、東菊。
名の由来は、承久の乱で佐渡に配流された順徳天皇が詠んだ歌にまつわるとも。

花言葉
THE LANGUAGE OF FLOWERS

「しばしの憩い」
「忘れ得ぬ人」
「別れ」

つくる時間　★★★★☆　――→半日
テクニック　★★★☆☆　易←―→難
★の数は目安です

材料

樹脂粘土
ワイヤー　(花)＝30番白1/8 …36本（12×3）
　　　　　(花芯)＝35番白1/12 …約40～50本　24番1/2 …3本
　　　　　(つぼみ)＝26番1/2 …1本
　　　　　(葉)＝[大・中]26番1/3 …4本　[小・極小]26番1/4 …4本
　　　　　(組み立て)＝20番1/2 …1本
油絵具　(花)＝モーブ ＋ パーマネントホワイト ＋ ウルトラマリンライト
　　　　(花芯)＝サップグリーン
　　　　(葉)＝グリーングレー ＋ サップグリーン ＋ グレイオブグレイ
　　　　(ガク)＝グリーングレー ＋ サップグリーン
粒状ペップ（花粉・黄色）

つくる数
(花)＝3本
(つぼみ)＝1本
(葉)＝[大]…1枚　[中]…3枚
　　　　[小]…2枚　[極小]…2枚

粘土の分量
(花)＝2cm玉
(葉)＝3cm玉

型紙　→P.90

RECIPE2：ミヤコワスレ | 35

下準備 1

① クリアシートにベビーオイルを塗っておく
② 型紙をつくる
③ ワイヤーをカットして用意

4

円形になるようにさす

サップグリーンで色づけしたワイヤーを短くカットして、ボンドをつけておしべをさす

花芯 2

丸型の芯

サップグリーンを練り込んだ粘土で花芯をつくり、ワイヤーにボンドをつけてさす

5

ツマヨウジが便利

おしべの先端にボンドをつける

3

ピンセットでつまむ

6

黄色の粉ペップをまぶして花粉をつける

花びら

7　粘土にモーブとパーマネントホワイトを練り込み、伸ばして型を抜く

10　白の30番ワイヤー1/8を花びらにつける

8　花びらは一輪で12枚

11　モーブとウルトラマリンライトを混ぜて色をかける

9　ハサミでスジを3本入れる

12　5mm残してカット

13 花びらを花芯にさし込む

16 ガクをボンドでつける

ガク

14 葉と同じ粘土で涙型をつくる

つぼみ

17 花びらと同じ粘土でつぼみをつくり、8本ほどスジを入れる

15 とがっているほうをハサミで8等分にし、細工棒でのばす

18 つぼみにモーブをかけ、花と同様にガクをつくってかぶせる

葉

19 粘土にグリーングレー、サップグリーンを8:2の割合で練り込む

22 細工棒の丸いほうで、フチをうすくする

20 葉の型を抜く

23 ボンドでワイヤーをつける

21 葉型で葉脈をつける

＊本物の葉があればベスト。ここでは市販のブドウの葉型で代用

24 葉の表をサップグリーン、裏をグレイオブグレイで色づけ

＊グレーはごく薄くかける

組み立て

25 ゆるみなく

茎は花から5cmくらいまで半幅テープで巻く

28

20番ワイヤーを加えて補強し、組み立てる

26 約5cm

花の下に葉を入れる

27 極小の葉

つぼみには極小の葉を入れて組み立てる

ONE POINT ADVICE
きれいに仕上げるコツ

花芯をつくるときは、長いおしべや突起、花粉の様子など細部にこだわってつくりこむと本物に近づきます！

和モダンの四角い一輪挿しに活けました。濃い紫と白の陶器は相性がよいようです。茎を少し曲げたり、葉先をちょっと反らせて、自然に咲いている様子を再現してみました。

RECIPE3: CHAMELEON PLANT
ドクダミ

独特の匂いがあり、繁殖すると嫌われがち。
でも、一輪一輪はとてもけなげ。
つくってはじめて、その愛おしさに気づかされます。

花情報
FLOWER INFOMETION

毒矯み、ドクダミ科。
別名、ジュウヤク（十薬）、
ドクダメ（毒溜め）。
古くからすぐれた薬草と
して有名。

花言葉
THE LANGUAGE OF FLOWERS

「白い追憶」
「野生」

つくる時間　★★★☆☆　——→ 半日

テクニック　★★☆☆☆　易 ←——→ 難

★の数は目安です

材料

樹脂粘土
ワイヤー　（花軸）＝24番1/3 …3本
　　　　　（葉）＝24番1/3 …5本
　　　　　（つぼみ）＝26番1/3 …3本
　　　　　（組み立て）＝20番1/2 …1本
油絵具　　（花軸）＝サップグリーン ＋ パーマネントイエローライト
　　　　　（総苞）（つぼみ）＝パーマネントホワイト
　　　　　（葉）＝グリーングレー ＋ サップグリーン ＋ クリムソンレーキ
粒状ペップ（花粉・黄色）

つくる数

（花軸）＝3本
（つぼみ）＝3本
（葉）＝[大]…1枚　[中]…2枚
　　　　[小]…2枚

粘土の分量

（葉）＝3cm玉
（総苞）（つぼみ）＝2cm玉

型紙　→P.90

＊白い花びら状のものは「総苞」とよび、葉の一種。実際の花は黄色い花軸のまわりに集まった小花です。

RECIPE3：ドクダミ

下準備

① クリアシートにベビーオイルを塗っておく
② 型紙をつくる
③ ワイヤーをカットして用意

花軸

粘土にサップグリーンを練り込む。俵型にしてワイヤーにボンドをつけてさし込む

切れ込みをハサミで上までこまかく入れる

パーマネントイエローライトで色づけ。黄色のペップをつけて、花軸のできあがり

総苞

パーマネントホワイトを練り込んだ粘土を4等分にカット。1枚だけ短くする

細工棒でのばす

7 細工棒の角のほうでスジをつける

葉

10 粘土にグリーングレー、サップグリーンを練り込む。大中小の葉を切り抜く

8 下にボンドをぬり、総苞をつける。2cmくらい半幅テープを巻く

11 本物の葉で葉脈をつける

＊これはムクゲの葉型で代用

つぼみ

9 涙型にしてワイヤーをさし、2cmくらいテープを巻く

12 すべての葉にフリルをつける

裏側にワイヤーをつける

サップグリーンで色づけ

葉の表のほうにそらせる

クリムソンレーキでフチどりをする。表面のところどころにも色をかける

葉柄をつける（粘土を5mmまきつける）

組み立て

上から小、中、大の順で葉を組み立てる

茎を太くするためワイヤー20番1/2を加える

> ONE POINT ADVICE
> きれいに仕上げるコツ

組み立てるとき、大の葉の内側に小の葉を入れると愛らしさがアップ！

脚付の浅めの花器に砂利とコケをしき、少しずつ向きを変えて植え込みました。手前と奥で高低をつけると空間に変化が出ます。和食器なども花が引き立ちます。

RECIPE4: LONG-HEADED POPPY
ナガミノヒナゲシ

道ばたや空き地などによく咲いていて、
オレンジ色の繊細な花びらが印象的。
虞美人草というステキな別名もあります。

つくる時間	───→ 半日 ★★☆☆☆
テクニック	易←──→難 ★★☆☆☆

★の数は目安です

花情報
FLOWER INFOMETION

長実の雛芥子、ケシ科。地中海沿岸から中部ヨーロッパが原産。日本では帰化植物として自生し、繁殖力も強い。花期は4月〜5月。

花言葉
THE LANGUAGE OF FLOWERS

「心の平静」
「慰め」

材料

樹脂粘土
ワイヤー　(花びら)＝28番白1/6 …16本
　　　　　(花芯)＝22番…3本
油絵具　(花びら)＝パーマネントオレンジ ＋ クリムソンレーキ
　　　　(花芯)＝グリーングレー ＋ アイボリーブラック（おしべ）
粒状ペップ（花粉・黄色）
うす絹

つくる数

(花)＝[大]…1本　[小]…1本
(つぼみ)＝1本

粘土の分量

(花びら)＝2コ分…1.5cm玉
(花芯)＝3コ分…1.5cm玉

型紙　→ P.91

RECIPE4: ナガミノヒナゲシ

下準備 | 1

①クリアシートにベビーオイルを塗っておく
②型紙をつくる
③ワイヤーをカットして用意

| 4

カッターで型をとる

花びら | 2

パーマネントオレンジをごく少量つけて練り込む

| 5

細工棒の角のほうでスジをつける

| 3

クリアファイルにはさみ、のばし棒でのばす

| 6

ボンドをつける

50 | RECIPE4: LONG-HEADED POPPY

花びらの下の部分に、ワイヤーを交わるようにつける

花芯をつくり、20番ワイヤーの先端にボンドをつけてさし込む

乾かしておく

ハサミでスジを入れる

花芯

粘土にグリーングレーを練り込む

ピンセットでスジを入れる

RECIPE4：ナガミノヒナゲシ | 51

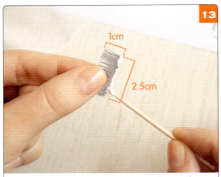

うす絹の横糸をほどいてアイボリーブラックを塗り、ボンドをつける

色づけ

パーマネントオレンジで根元部分を濃くして、ぼかしていく

巻きつける。巻いたあと、先端にボンドをつける

根元部分にクリムソンレーキをかける

黄色のペップをつける

組み立て

4枚組んで半幅テープで巻く

2cmテープで巻いたあと、花びらのワイヤーを1本ずつ下から引っ張る

ONE POINT ADVICE
きれいに仕上げるコツ

組み立てるとき、花の根元のワイヤーが見えないように下から引っ張るときれい！

シンプルな線が入った粋な花びんが、茎の長いヒナゲシをよく引き立てます。花の向きを変えたり、長い茎のところどころを小さく曲げて、表情をつけました。

RECIPE5: SPEARFLOWER
ヤブコウジ

主役は小さい実たち。
葉陰からのぞく深紅の実を目にすると冬の訪れを感じます。
お正月に飾ると幸運を呼び込みそうな予感。

花情報
FLOWER INFOMETION

藪柑子、ヤブコウジ科。
別名、十両。
常緑の小低木。花は白か淡いピンク色で夏に咲き、果実は晩秋〜冬に赤く熟す。

花言葉
THE LANGUAGE OF FLOWERS

「明日の幸福」

つくる時間　──→半日　★★☆☆☆
テクニック　易←──→難　★★☆☆☆
★の数は目安です

材料
樹脂粘土
ワイヤー　(実)＝28番白1/5…7本　33番白1cm…7本
　　　　　(葉)＝[大・中]24番1/3…10本　[小]26番1/4…5本
　　　　　(組み立て)＝20番1/2…1本　20番1/4…2本
油絵具　　(実)＝ピオニーレッド ＋ クリムソンレーキ
　　　　　(葉)＝グリーングレー ＋ サップグリーン ＋ アイボリーブラック ＋ クリムソンレーキ

つくる数
(実)＝7コ
(葉)＝[大]…4枚　[中]…6枚　[小]…5枚

粘土の分量
(実)＝7コ分…1.5cm玉
(葉)＝15枚分…3.5cm玉

型紙　→P.91

下準備

1
① クリアシートにベビーオイルを塗っておく
② 型紙をつくる
③ ワイヤーをカットして用意

4 直径7mm

涙型にする

2 2cm

サップグリーンを練り込んだ粘土で、ワイヤーに2cm粘土巻きする

5

涙型のとがっているほうにくぼみをつくる。くぼみに粘土巻きしたワイヤーをさす

実

3

ピオニーレッド、少量のクリムソンレーキを練り込む。ラップで混ぜると指がよごれない

6

33番白のワイヤーにクリムソンレーキで色づけし、1cmにカットしたものを7本つくる

\ここがポイント！/

実の先にワイヤーをさす。外側にワイヤーを5mmほど出す

フリルをつける

葉

粘土にグリーングレー、サップグリーン、アイボリーブラックを練り込み、葉〈大・中・小〉の型を抜く

1cm

ワイヤーをつけてから葉柄をつける

本物の葉の裏側にオイルをつけて、葉脈をとる

＊代用は市販のバラの葉型

色づけ

表と裏にサップグリーンをかける

クリムソンレーキで先端を赤くする。実の枝もクリムソンレーキで色づけ

ワイヤー20番1/2を添えて組む。葉の向きを変えながら、2枚葉とワイヤー1/4を2本加える

組み立て

大きい葉から先に組み、下に1〜3コの実をつける

茎にサップグリーンをかける。さらにクリムソンレーキを混色して茎を茶色に

実の枝を1〜1.5cm出して、半幅テープで組む

ワイヤーを曲げてととのえる

茎の長さを調節して植え込む

透明マニキュアでつや出し

ONE POINT ADVICE
きれいに仕上げるコツ

実を組むとき、1コの枝もつくると変化が出ます。実のつや出しに粘土用ニスの代わりに透明マニキュアが便利！

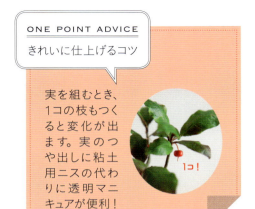

1コ！

親しい陶芸家の方に焼いてもらった、オリジナルのミニ鉢に植え込みました。器が大好きで、いつも「この花にはどの器が合うかしら」と楽んでいます。

RECIPE6: LACECAP HYDRANGEA
ガクアジサイ

梅雨時をあざやかに彩り、
青や紫、ピンクなど色の変化も魅力的。
実際の花より小ぶりにつくって、
やさしく清楚な姿に。

花情報
FLOWER INFOMETION

額紫陽花、アジサイ科。
原産地は日本。
球形のアジサイは、日本やヨーロッパなどで観賞用に品種改良されたもの。

花言葉
THE LANGUAGE OF FLOWERS

「謙虚」

つくる時間	⟶ 半日 ★★★★★
テクニック	易 ⟵⟶ 難 ★★★☆☆

★の数は目安です

材料

樹脂粘土
ワイヤー （花芯）＝26番1/3 …8本
　　　　　（つぼみ）＝30番1/4 …80本
　　　　　（葉）＝[大]22番1/2 …2本　　[中]22番1/2 …4本　　[小]24番1/3 …4本
　　　　　（組み立て）＝18番…3本
ステムテープ
油絵具　　（花）＝パーマネントホワイト ＋ ウルトラマリンライト
　　　　　（花芯）＝サップグリーン
　　　　　（つぼみ）＝サップグリーン ＋ ウルトラマリンライト
　　　　　（葉）＝グリーングレー ＋ サップグリーン

つくる数

（花）＝8本
（花芯）＝8本
（つぼみ）＝80本
（葉）＝[大]…2枚　　[中]…4枚
　　　　[小]…4枚

粘土の分量

（葉）＝4cm玉
（花）＝2cm玉
（つぼみ）＝2cm玉

型紙　→P.92

＊周辺の花びら状の花は、萼が大きくなったもので「装飾花」とよびます。中央の花には、おしべとめしべがあり「両性花」とよばれます。レシピでは「花」「花芯」としました。

RECIPE6: ガクアジサイ

下準備

①クリアシートにベビーオイルを塗っておく
②型紙をつくる
③ワイヤーをカットして用意

大・中・中・小になるようにカット

花芯

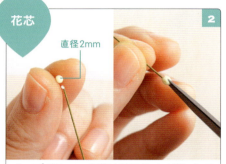

直径2mm

サップグリーンを薄く練り込んだ粘土で花芯をつくり、ワイヤーをつける。ハサミでスジをつける

丸　角

細工棒でのばす。細工棒の角のほうでスジをつける

花

花（大）1.5cm

パーマネントホワイトを練り込んだ粘土を涙型にして、3分の1と3分の2に分ける（花は大・小4本ずつつくる）

芯につける。形をととのえる

62 | RECIPE6: LACECAP HYDRANGEA

つぼみ 7

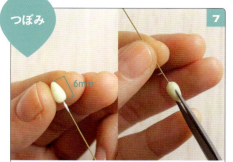

花芯と同じ粘土でつぼみを80本つくる。涙型にしてワイヤーをさし、ハサミで十字のスジをつける

10

ワイヤーをつける。葉柄をつける

葉 8

粘土にグリーングレー、サップグリーンを練り込む。型を抜く

色づけ 11

ウルトラマリンライトで色づけ。大の花の茎を4cm、小の花を3cmテープ巻きする

9

本物の葉で葉脈をつける。フリルをつける

＊これはアジサイ用の葉型で代用

12

表裏サップグリーンで色づけ

組み立て

13 つぼみ16本と花2本を一緒に組む。同じものを4組つくる。1組はつぼみだけに

花…2本
つぼみ…16本
1組×4
＋
つぼみの1組

16 ステムテープで太くする

しっかり巻く

14 つぼみそろえておいて広幅テープで組む

5組を合わせる

17 葉の向きをたがい違いに2枚ずつ広幅テープで組む

葉の向きに注意！

15 18番ワイヤーを3本まとめてさしこむ

3本たす

18 つぼみにサップグリーンを薄くかける。先端にウルトラマリンライトをすこしかける

花を上に向ける

ONE POINT ADVICE
きれいに仕上げるコツ

花とつぼみは高低をつけて組み、花を上向きにして立体感を出すと生き生きとした表情に！

籐の持ち手がついたユニークな風合いの花びんです。ガクアジサイは背が高いので、器も背丈のあるものを選んでバランスをとります。

RECIPE7: MINI PHALAENOPSIS
ミニコチョウラン

東南アジアや台湾などでは山野草の仲間。
洗練された形ではなく、
茎にも動きをつけて野性味と
小輪咲きのかわいらしさを表現しました。

つくる時間 ─────→ 半日　★★★★☆

テクニック 易←───→難　★★★☆☆

★の数は目安です

花情報
FLOWER INFOMETION

ミニ胡蝶蘭、
コチョウラン属。
ラン科植物の一群で、
東南アジアや台湾、中
国南部に広く分布。品
種改良が進み栽培種
として人気。

花言葉
THE LANGUAGE OF FLOWERS

「あなたを愛します」
「幸福が飛んでくる」

材料

樹脂粘土
ワイヤー　(花)＝26番白1/3…12本
　　　　　(ずい柱)(つぼみ)＝26番白1/3…5本
　　　　　(葉)＝22番1/2…4本
　　　　　(組み立て)＝22番1/2…4本　20番1/2…1本
油絵具　(花)＝パーマネントホワイト ＋ クリムソンレーキ ＋
　　　　　　　　パーマネントイエローライト ＋ ローズバイオレット ＋ モーブ
　　　　　(葉)＝グリーングレー ＋ サップグリーン

つくる数

(花)＝花びら…4枚　リップ…2枚　ガク片…6枚
(葉)＝[大]…1枚　[中]…2枚　[小]…1枚
(つぼみ)＝[大]…1コ　[中]…1コ　[小]…1コ

粘土の分量

(花)＝2コ分…3cm玉
(つぼみ)＝3コ分…2cm玉
(葉)＝4枚分…3.5cm玉

型紙　→ P.93

RECIPE7：ミニコチョウラン　67

下準備 / 1

①クリアシートにベビーオイルを塗っておく
②型紙をつくる
③ワイヤーをカットして用意

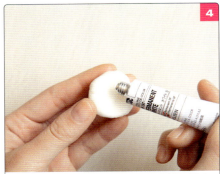

4

粘土にパーマネントホワイトを練り込む
(ずい柱・つぼみ・花に使用)

葉 / 2

粘土にグリーングレー、サップグリーンを練り込み、葉〈大・中・小〉の型を抜く

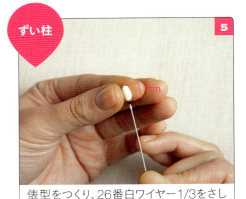

ずい柱 / 5

俵型をつくり、26番白ワイヤー1/3をさしこむ

3

葉が厚め！

葉の厚みを2〜3mmにし、シートの上からフチを薄くする。葉を内側にかるく巻く

つぼみ / 6

クルクル

つぼみの茎〈大・中・小〉を(2.5cm、2cm、1.5cmの3本)粘土巻きする

68 | RECIPE7: MINI PHALAENOPSIS

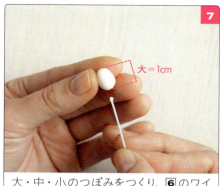

大・中・小のつぼみをつくり、6のワイヤーをさす

色づけ

リップに切り込みを入れる。半乾きのとき、親指で丸みをつける

スジを入れる

花びらとリップにそれぞれ混色した色をかける。リップの中心部にパーマネントイエローライトをかける

花

型を抜き、シートの上からまわりを押さえてフチを薄くする

つぼみを色づけする。小さいつぼみはうすいグリーンに。大きいつぼみはピンクに

組み立て

13 リップと花びら・ガクの向きを合わせる

16 小のつぼみに22番ワイヤー1/2を加える。中のつぼみ、大のつぼみにもそれぞれ22番ワイヤー1/2を加える

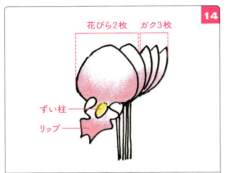

14 ずい柱はリップにはさまるように組む

17 1つめの花を組んで22番ワイヤー1/2を加え、2つめの花を組んで20番ワイヤー1/2を加える

15 半幅テープで組み、ワイヤーを1本ずつ引く。花を開く

18 葉4枚を、2枚ずつ内側に向けて組む。広幅テープで巻く

鉢にミズゴケをしきつめる

ONE POINT ADVICE
きれいに仕上げるコツ

葉は厚みをもたせ、ふっくらと。花びらやリップを色づけするときは、中心部を濃く、外側に向かってうすくぼかすと自然な仕上がりに！

小ぶりのピンクの花器は、花を一輪植えてプレゼントするのにちょうどいいミニサイズ。飾る場所を選ばず、贈られた人も思わず笑顔になる可愛さです。

RECIPE8: RASPBERRY
キイチゴ

ここではジャムなどに
よく使われるラズベリーを選びました。
小さな実をたくさんつけた姿は愛らしく、
果実の色の変化も楽しめます。

つくる時間 ────→ 半日
★★★★☆

テクニック 易←──→難
★★☆☆☆

★の数は目安です

花情報
FLOWER INFOMETION

木苺、キイチゴ属。バラ科の属の1つで、数十〜数百種あり、キイチゴはその総称。ラズベリー、ブラックベリーなどが有名。

花言葉
THE LANGUAGE OF FLOWERS

「あなたとともに」
「人を思いやる心」

材料

樹脂粘土
ワイヤー （実の芯）＝26番1/3 …3本
　　　　　（葉）＝26番1/3 …15本
　　　　　（組み立て）＝20番 …2本
油絵具　　（実）＝チャイニーズレッド ＋ クリムソンレーキ ＋ アイボリーブラック
　　　　　（葉）＝グリーングレー ＋ サップグリーン

つくる数

（実）＝3コ（150コ）
（葉）＝［大］…2枚　［中］…6枚　［小］…7枚

粘土の分量

（実）＝150コ分…2.5cm玉
（葉）＝15枚分…3.5cm玉
（実の芯）＝葉の残りの粘土を使用

型紙　→P.91

下準備

① クリアシートにベビーオイルを塗っておく
② 型紙をつくる
③ ワイヤーをカットして用意

葉

3枚で組み、整える（半幅テープ）

粘土にグリーングレー、サップグリーンを練り込み、葉〈大・中・小〉の型を抜く

3枚葉の組み合わせ（大中中／中小小／小小）

バラの葉型で葉脈をとる

実

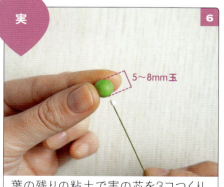

葉の残りの粘土で実の芯を3コつくり、ワイヤーをさす（5〜8mm玉）

チャイニーズレッド、クリムソンレーキ、同量をラップで練り込む

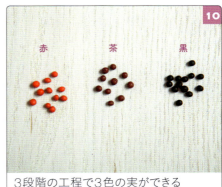

3段階の工程で3色の実ができる

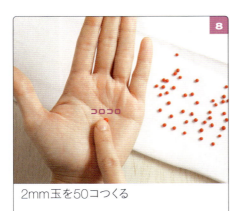

2mm玉を50コつくる

ボンドをぬり、実をつける

次にアイボリーブラックを加えて茶色玉を50コつくる。さらにアイボリーブラックを加えて黒色玉を50コつくる

＼ここがポイント！／

すき間に指でつける

ガク 13

涙型をつくり、とがったほうを5等分にカット

組み立て 16

半幅テープ

2〜3cmテープ巻きする

14

星型に

細工棒でおさえる

17

ギュッ

実を組み合わせる

15

ボンドでガクをつける

18

葉を入れて、20番ワイヤーを加えて組む

もう一度、葉を入れて20番ワイヤーを加えて組む。仕上げにマニキュアで実につやを出す

ONE POINT ADVICE
きれいに仕上げるコツ

実をつけるとき、すき間なくぎっしりつめると果実感アップ。基本は赤、茶、黒の3色ですが、色をすこしミックスしてもユニークな仕上がりに！

モノトーンの組み合わせとフォルムが個性的な花器。自己主張の強い器は、似合う花を選びますが、実の物を活けると想像以上にマッチして感激しました。

RECIPE9: COSMOS
コスモス

万人にずっと愛されてきた花。
ここでは丈を短めに、花も小さめにつくって、
贈り物にすると喜ばれる大きさにしてみました。

つくる時間	──→ 半日 ★★★★★
テクニック	易 ←──→ 難 ★★★★☆

★の数は目安です

花情報
FLOWER INFOMETION

秋桜、キク科。メキシコの高原地帯が原産。花はピンク色、白・赤など。観光資源としてのコスモス畑も多い。秋の季語。

花言葉
THE LANGUAGE OF FLOWERS

「少女の純潔」

材料

樹脂粘土
ワイヤー （花びら）＝30番白1/6 …16本
　　　　（花芯）＝22番[粘土巻き15cm]…2本　33番[1cm]…20本
　　　　（つぼみ）＝24番1/2[粘土巻き10cm]…1本
　　　　（葉）＝30番1/3…3本　33番[粘土巻き2〜4cm]…数本
　　　　（組み立て）＝20番…1本
粒状ペップ（花粉・黄色）
油絵具　（花びら）＝ローズバイオレット ＋ クリムソンレーキ
　　　　（花芯）＝パーマネントイエローライト ＋ マースオレンジ（おしべ）
　　　　（つぼみ）＝グリーングレー
　　　　（葉）＝グリーングレー ＋ サップグリーン
　　　　（ガク）＝グリーングレー

つくる数

（花）＝2本
（つぼみ）＝1本
（葉）＝数本

粘土の分量

（花）（花芯）＝3cm玉
（葉）（茎）（ガク）＝2cm玉

型紙 →P.91

RECIPE9：コスモス

下準備 1
①クリアシートにベビーオイルを塗っておく
②型紙をつくる
③ワイヤーをカットして用意

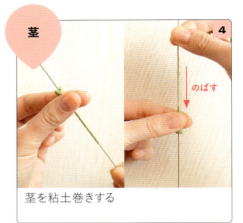

茎 4
茎を粘土巻きする

花 2
粘土にローズバイオレットを練り込み、花びらの型を抜く

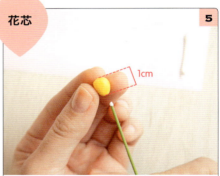

花芯 5
パーマネントイエローライトを練り込んだ粘土で花芯をつくり、茎をさす

3
スジを3本軽く入れる。ワイヤーをつける

6
ピンセットでつまみ上げて模様をつける。マースオレンジで色づけした33番ワイヤーを1cmにカットして花芯にさす

おしべに黄色のペップをつける

花びらを花芯の奥までさし込む

花びら全体にローズバイオレットをかける。クリムソンレーキを花びらの根元にうすくかける

つぼみとガク

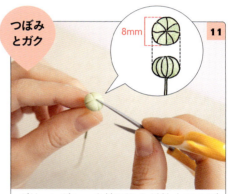

グリーングレーを練り込んだ粘土でつぼみをつくり、ハサミで8本スジを入れる

ワイヤー5mmを残してカットする

涙型をつくり、8等分にカット。細工棒で開く

13 内側のガク、外側のガクの順につける

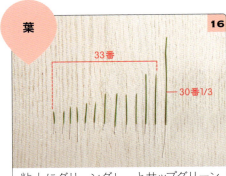

16 葉

粘土にグリーングレーとサップグリーンを練り込み、30番1/3と33番2cm・3cm・4cmの粘土巻きをつくる

14 ガクは二重につける。内側のガクは淡い色（つぼみの粘土使用）。外側のガクは濃い色（葉の粘土使用）

17 葉をボンドではり合わせる

15 つぼみにもガクをつける。先端にローズバイオレットをかける

18 イラストの組み合わせで2本つくる。乾いたらサップグリーンで色づけ

組み立て　19

花2本とつぼみと葉2本を半幅テープで20番ワイヤーを入れて組み立てる。下のほうにも葉を入れる

ONE POINT ADVICE
きれいに仕上げるコツ

粘土巻きするときは、ワイヤーにボンドをつけ、上から下へ粘土をまんべんなく巻きつけます。余分な粘土をとり均一にのばすと見ばえもグッド！

土肌のぬくもりが感じられる花器に、さりげなく挿してみました。花やつぼみの向きをすこしずつ変えると、空間に広がりが出ます。

RECIPE10: FIRLD HORSETAIL
ツクシ

春先に土手やあぜにアタマを出し、
育つと緑のスギナが一面に広がります。
愛嬌たっぷりの姿かたちで、
つくる時もワクワクします。

つくる時間	──→ 半日 ★★★☆☆
テクニック	易 ←──→ 難 ★★★★☆

★の数は目安です

花情報
FLOWER INFOMETION

土筆、トクサ科。
春に出てくるツクシはスギナ（杉菜）の胞子茎。
春の季語。

花言葉
THE LANGUAGE OF FLOWERS

「向上心」
「驚き」
「意外」

材料
樹脂粘土
ワイヤー （茎）＝22番白…2本
油絵具 （穂）＝マースオレンジ ＋ サップグリーン ＋
　　　　　　　　アイボリーホワイト ＋ バーントアンバー
　　　（茎）＝マースオレンジ
　　　（ハカマ）＝サップグリーン ＋ マースオレンジ ＋ バーントアンバー

つくる数
（穂）＝6コ
（茎）＝6本
（ハカマ）＝22〜23枚

粘土の分量
（ツクシ）＝6本分…3cm玉

RECIPE10：ツクシ | 85

下準備

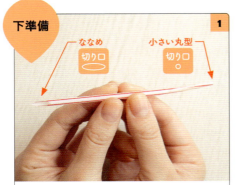

1
- ななめ 切り口
- 小さい丸型 切り口

① ストローの片方をななめにカットし、一方の端は、小さい丸型にしてセロハンテープでとめる
② 1本のワイヤーを長短つけて3つにカット

茎

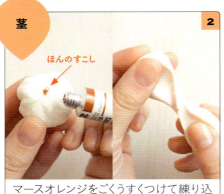

2 ほんのすこし

マースオレンジをごくうすくつけて練り込む

3

下2cmを残してワイヤーにボンドをつける

4 均等に

粘土を巻きつける

5

コロンコロン

ころがして手のひらでのばす

穂

6 カプセル型をつくり、細工棒で穴をあける。5を奥までさしこむ

7 おとなのツクシ　1.7cm　ツンツンはじくように
斜めにカットしたストローの先端で、下から上に削っていく

8 こどものツクシ　1.2cm　ポンポンッ
小さなカプセル型をつくり、丸型にしたストローの先端を押しつけて○をつける

ハカマ

9 1.5cm　涙型をつくり、とがったほうをハサミで6〜8等分にカット。細工棒でのばしていく

10 1か所切りひらく。ボンドをつける

11 2〜3cm　茎にハカマを巻きつける（こどものツクシはハカマの間隔を詰める）

色づけ おとなのツクシ

12 サップグリーンを穂とハカマの下の部分にかける

13 穂にアイボリーホワイトをかける（花粉）

14 穂とハカマにマースオレンジをかける

15 ハカマの先端部分にバーントアンバーをかける。穂にもバーントアンバーをかける

色づけ こどものツクシ

16 穂とハカマにサップグリーンをかける

17 おとなのツクシと同じように、マースオレンジ、バーントアンバーをかける

> **ONE POINT ADVICE**
> きれいに仕上げるコツ
>
> おとなのツクシとこどものツクシでは、茎の長さや穂の大きさ、穂の形状、ハカマの間隔もちがうので、それぞれの特徴を出して本物そっくりに！

[おとなのツクシ]
ストローの先端で削っていく

[こどものツクシ]
○型をならべて押していく

> 脚付のボート型の花器に土を盛り込んで植えました。赤ちゃんのツクシから背の高いツクシまで、思い切って高低差をつけ、楽しくリズミカルに。

型紙集

型紙の使い方
① カラークリアファイルを型紙の上にのせる
② 油性ペンで、黒い枠線を写しとる
③ ハサミで、写しとった型を切りぬく
④ 除光液などで枠線を消す
⑤ 粘土の上に置き、型をとる

シロツメクサ

葉 × 16枚

ミヤコワスレ

ドクダミ

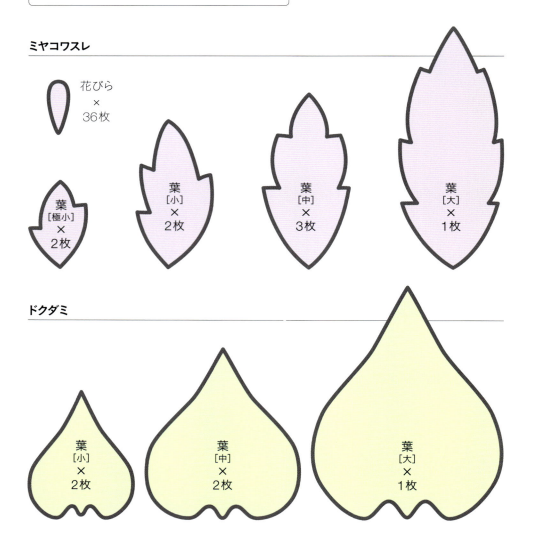

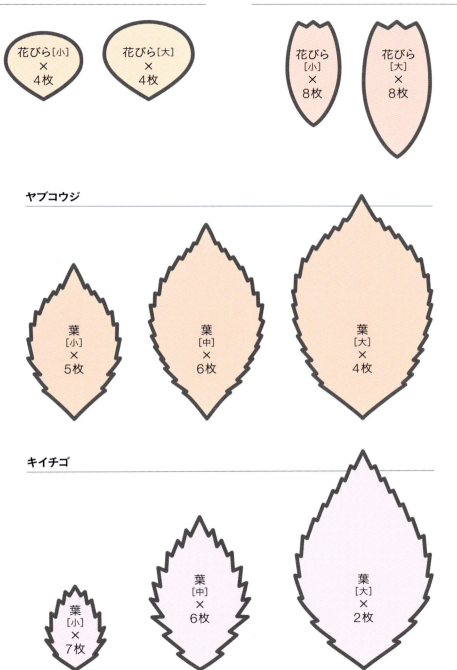

ガクアジサイ

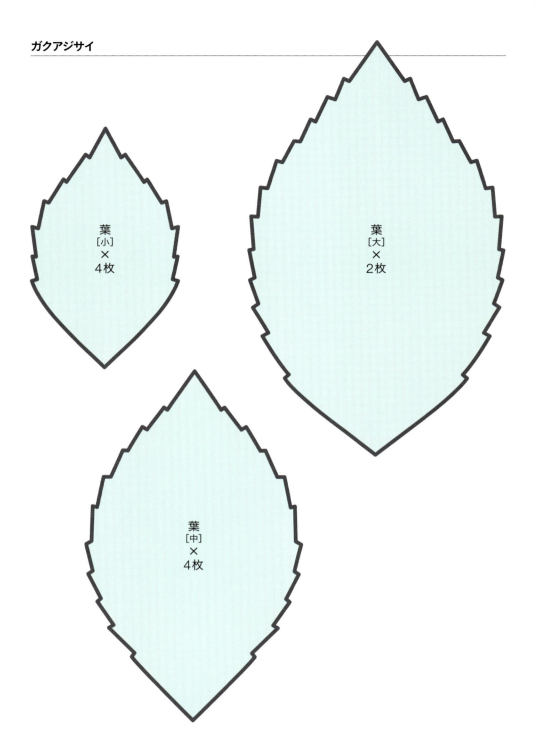

ミニコチョウラン

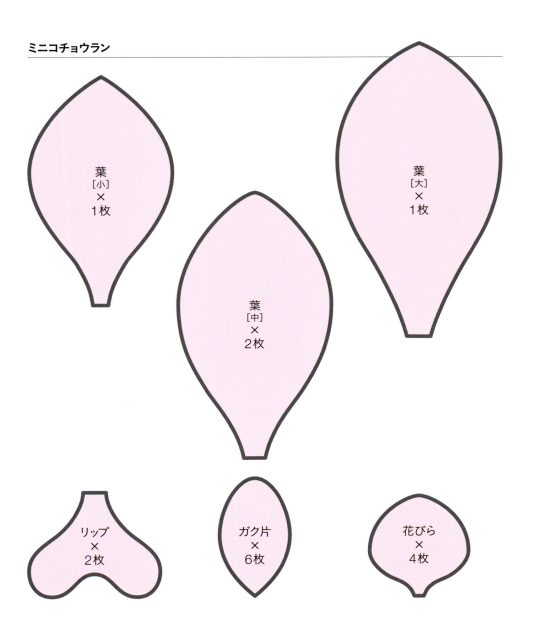

型紙集 | 93

あとがきにかえて

　あるレストランに食事に行った時のこと。店の片隅にツルウメモドキの枝が飾ってあって、その愛らしい姿に目を奪われました。
　それから何か月か経ち、再びレストランを訪れますと、前に見たツルウメモドキがまだ飾られていたのです。赤い実もあざやか……。不思議だなと思い、店の方に尋ねましたら「粘土でつくったお花です」と教えてくれました。
　これが、粘土の花との初めての出会いです。以来、樹脂粘土の花づくりに夢中になりました。

　生花はすぐに枯れてしまいます。子どもの頃からいけばなを習ってきた私にとって、花をいちばん美しい状態で残しておける粘土工芸は、とても魅力的でした。
　季節の花や雑草、蔓草、山野草、花木たち……。
　いろいろな花と出会うたび、その感動を形にしたい、その姿をそっくり忠実に再現したいと思い、制作してきました。いまではオリジナルのレシピが400種を超え、まだまだ増えていきそうです。

　花だけでなく、実の物も可愛いのでよく制作します。
　花も実もつくるから「花実アート」。教室を立ち上げた時そう名づけました。教室のロゴには、思い入れのあるツルウメモドキの実もデザインしました。
　それから12年、各地の教室には和気あいあいと制作を楽しむ花実アートの仲間の輪が広がっています。

〈教室案内〉

樹脂粘土工芸
花実アート Hanami Art

教室スタッフ撮影

本教室

〒838-0137 福岡県小郡市福童3336-4（西鉄端間駅前）
tel & fax: 0942-73-3435
mobile: 090-1366-6265（主宰：牛嶋君子）
mail: hanami-art@nifty.com
HP: http://hanami.art.coocan.jp/

＊お問い合わせは090-1366-6265へ

各地の教室

[東京]
●日本橋教室
〒103-0016
東京都中央区日本橋小網町19-12
日清アソシエイツ株式会社内

●コミュニティクラブたまがわ

日本橋教室
教室スタッフ撮影

[大阪]
●心斎橋教室
〒542-0081
大阪府大阪市中央区南船場3-12-9
心斎橋プラザビル東館3階
手芸の店　かめしま

[福岡]
室見教室、大橋教室、ヴォーグ学園天神校、久留米教室、下大利教室、筑後教室ほか

[大分] 日田教室
[熊本] 熊本教室
[鹿児島] 鹿児島教室
[台湾] Ellie 創作學院

各種コース紹介

フラワーコース/インストラクターコース/マイスターコース、ほか

材料が買えるお店

樹脂粘土グレイスをはじめ、造花用ワイヤー、フローラテープなど主な材料が入手できます。
シュゲール　　http://www.rakuten.ne.jp/gold/shugale/
東急ハンズ　　http://www.tokyu-hands.co.jp/
ユザワヤ商事株式会社　http://www.yuzawaya.co.jp

牛嶋君子(うしじま・きみこ)
福岡県生まれ。樹脂粘土工芸「花実アート」主宰。
池坊師範の免許を取得、華道の指導者となる。その後、樹脂粘土工芸と出会い、季節の花や山野草をモチーフとした作品創作を始める。独自の研究を重ね、本物そっくりの作品を1日で完成させるオリジナルレシピを考案。その手軽さと完成度の高さが好評を博し、福岡を中心に多数の教室を展開、作品展も開催する。2011年には東京、大阪に教室を開設。いけばなの技術を活かし、絶妙な表情の付け方で作品に生命を吹き込む。著書に『ワンデーフラワー──樹脂風粘土で作る山野草一』(出版社アルファ)など。

撮影　公文美和
ブックデザイン　島田 薫
編集協力　江島美香

はじめての粘土アート
半日でできる可憐な草花

2015年 5 月10日　初版第1刷発行
2019年11月10日　　　第3刷発行

著　者　牛嶋君子
発行人　相澤正夫
発行所　株式会社 芸術新聞社
　　　　〒101-0052
　　　　東京都千代田区神田小川町2-3-12
　　　　神田小川町ビル7F
　　　　TEL: 03-5280-9081 [販売]
　　　　　　 03-5280-9087 [編集]
　　　　FAX: 03-5280-9088
　　　　URL: http://www.gei-shin.co.jp/
印刷・製本　図書印刷 株式会社

© Ushijima Kimiko 2015 Printed in Japan
ISBN 978-4-87586-449-3 C0077

乱丁・落丁本はお取替えいたします。
本書の内容を無断で複写・転載することは、著作権法上の例外を除き、禁じられています。